# L'ÉGLISE PATRONALE

DE

# SAINTE-GENEVIÈVE

## PANTHÉON

### PENDANT LE SIÉGE ET LA COMMUNE

1870—1871

Par M. l'abbé BONNEFOY,

VICE-DOYEN DE SAINTE-GENEVIÈVE.

PARIS

E. DE SOYE ET FILS, IMPRIMEURS-ÉDITEURS,

PLACE DU PANTHÉON, 5.

1871

# L'ÉGLISE PATRONALE

DE

# SAINTE-GENEVIÈVE

PANTHÉON

PENDANT LE SIÉGE ET LA COMMUNE

1870—1871

Au moment où nous sortons de la sanglante épreuve que Dieu a ménagée à la ville de Paris, et où l'église patronale Sainte-Geneviève est rendue au culte, on m'a engagé à indiquer rapidement les fortunes diverses par lesquelles a passé, depuis onze mois, la chère basilique. Des personnes au jugement de qui je dois déférer, croient que le récit sommaire des événements dont l'église a été le théâtre serait d'un certain intérêt pour les fidèles. J'accède à leur désir en livrant au public la simple et modeste histoire de nos agitations et de nos souffrances pendant le siège et sous le règne de la Commune. Je m'estimerais heureux si ces pages, écrites au milieu des mille occupations de détail qu'entraîne la réorganisation du service religieux si longtemps interrompu, pouvaient amener le lecteur à cette conclusion : que l'église Sainte-Geneviève n'a échappé à l'orage de fer et de feu qui s'est déchaîné autour d'elle, que grâce à la protection dont elle a été couverte par la douce et puissante vierge de Nanterre.

I

L'armée française venait de succomber à Sedan. Le maréchal Bazaine se trouvant déjà enfermé dans Metz avec cent vingt mille hommes, et la France n'ayant plus à opposer à l'ennemi que des forces éparpillées, les troupes allemandes marchèrent en toute hâte sur Paris. Le roi de Prusse, entraîné par une fortune sans exemple, était résolu à pousser son triomphe jusqu'au bout et à entrer en vainqueur dans la grande ville. Le dimanche 18 septembre, Paris était investi, et tout s'organisait, dans l'intérieur, pour la résistance.

Dès les jours qui précédèrent immédiatement le siége, le gouvernement jeta les yeux sur l'église Sainte-Geneviève. Il lui sembla qu'elle fournirait un concours des plus utiles à la défense, en abritant dans ses caveaux des provisions considérables de munitions et de poudre. Il eût été difficile de trouver ailleurs une retraite plus impénétrable. On le croyait du moins, car nous ne connaissions encore qu'imparfaitement la puissance formidable de l'artillerie prussienne. Une lettre du général Guiod, commandant supérieur de l'artillerie, m'instruisit de l'intention du gouverneur de Paris. Le lendemain, le général vint lui-même inspecter les caveaux en détail, et reconnaître l'endroit où les poudres trouveraient l'abri le plus sûr. Il demeura convenu que, dès le jour suivant, les transports commenceraient à s'effectuer. Je n'ai pas besoin d'ajouter que Mgr l'archevêque, informé de ces démarches, avait donné son plein assentiment au dessein du général Trochu. Pour que la mesure relative à Sainte-Geneviève conservât, aux yeux des fidèles, son caractère patriotique, il avait été arrêté, sur ma demande, que M. le général Guiod m'adresserait une lettre officielle qui expliquerait les desseins du gouvernement de la défense, et préviendrait en même temps les commentaires malveillants et les malentendus.

Ce fut le dimanche 11 septembre, pendant l'office de midi, en terminant notre dernière instruction, que je donnai lecture de cette lettre, qui devait apprendre aux fidèles le sacrifice exigé par la défense de Paris. Elle était conçue en ces termes :

*Paris, le 10 septembre 1870.*

Monsieur l'abbé,

Par ordre de M. le gouverneur de Paris, et en vertu des pouvoirs que lui donne l'état de siége, les cryptes de l'église Sainte-Geneviève seront mises à la disposition de l'artillerie pour y déposer des poudres. Par conséquent, les exercices du culte seront momentanément suspendus.

Agréez, etc.

Le général commandant supérieur de l'artillerie,

Guiod.

La première impression fut des plus douloureuses. Personne ne mettait en doute la loyauté du gouvernement. Mais le gouvernement pouvait-il répondre de l'avenir? Ne serait-il pas débordé par les événements? Ne devions-nous pas craindre le réveil des passions endormies par vingt-trois ans d'apparente tranquillité? Au milieu des désastres qui avaient rabaissé la France, la foule, armée au hasard et sans choix, ne profiterait-elle pas du premier échec essuyé par l'armée de Paris pour ramener la guerre civile? La guerre civile ne lâche-t-elle pas la bride à tous les instincts irréligieux de la bête populaire? Les premiers coups des scélérats déchaînés ne tomberaient-ils pas sur une église déjà fermée au culte et transformée en poudrière? Ces lâches iniquités n'ont-elles pas accompagné tous les mouvements politiques qui ont agité la France depuis quatre-vingt-dix ans? Telles étaient les préoccupations de notre cher auditoire quand il se vit exilé, pour un temps dont il était impossible de prévoir la durée, de la sainte basilique.

Dès ce jour-là même les portes de Sainte-Geneviève se fermèrent au public. Les offices et les prédications furent suspendus, et le sort de l'église confié à l'autorité militaire. Les munitions prirent immédiatement possession des cryptes; des barils de poudre y furent entassés, formant un dépôt redoutable dont la garde exigeait la surveillance la plus sévère. Ne suffisait-il pas d'une étincelle pour faire sauter l'édifice et bouleverser tout le quartier! M. le chef d'escadron Tardif de Moidrey ne se dissimula pas la gravité de la mission qui lui était imposée. De concert avec l'excellent et habile architecte M. Louvet, il entoura le monument des précautions les plus minutieuses, et ne négligea rien de ce qui tendait à prévenir jusqu'à l'ombre d'un accident. Les baies en sous-sol, qui servent de fenêtres aux caveaux, furent murées avec le plus grand soin. On dépava une partie de la place du Panthéon; les grès furent accumulés, par manière de contre-forts, contre les ouvertures latérales et les portes du péristyle: c'étaient autant de puissantes barricades qui empêchaient tout accès dans les caveaux.

Mais cela ne suffisait pas encore.

Les renseignements que nous apportait à toute heure l'histoire de nos désastres faisaient craindre que les obus prussiens ne vinssent frapper le dôme et traverser les coupoles. Au jugement des hommes experts, il n'était pas impossible que les projectiles eussent assez de puissance pour effondrer certaines parties des voûtes inférieures et pénétrer jusqu'aux poudres. Je n'hésite pas à croire que notre auguste patronne nous vint en aide pour compléter la défense du temple où reposent ses précieux restes. L'intendance militaire était en quête de locaux où elle pût déposer les provisions considérables d'avoine qu'elle tenait en réserve. Une partie de ces provisions, sur la demande de l'administration, fut déposée dans l'intérieur de l'église; les trois nefs en reçurent près de trente mille sacs. C'était une litière impénétrable aux engins des assiégeants.

Ces dispositions furent approuvées par le général Trochu, et dans une lettre des premiers jours d'octobre, il voulut bien nous remercier du concours que nous avions essayé d'apporter à la défense de Paris.

Voici cette lettre :

*Paris, le 3 octobre* 1870.

Monsieur l'abbé,

J'ai l'honneur de vous remercier du concours que vous avez prêté au gouvernement pour l'établissement qui a été formé à Sainte-Geneviève.

Pour compléter les mesures déjà prises, il est nécessaire d'enlever de l'église les bancs et les chaises qui y sont accumulés et peuvent devenir un péril.

Je vous prie de vouloir bien pourvoir à cette nécessité de la défense.

Recevez, monsieur l'abbé, etc.

Le Gouverneur de Paris.

Le désir du gouverneur de Paris était déjà rempli quand sa lettre me parvint. Dès la veille, j'avais donné ordre d'enlever les chaises et les bancs qui, en cas d'accident, auraient fourni un aliment dangereux à l'incendie. La prudence fit également supprimer le sémaphore qu'on avait installé sur l'une des plates-formes de l'église. Les services rendus par cet appareil semblaient fort douteux alors; aujourd'hui, nous avons presque la certitude qu'ils étaient insignifiants. Le résultat le plus assuré du sémaphore, c'eût été d'attirer une fois de plus l'attention de l'ennemi sur le dôme, qui servait déjà de point de mire aux Allemands, depuis le pavillon de Breteuil jusqu'aux collines de Fontenay. L'église Sainte-Geneviève ainsi défendue, il ne restait plus qu'à remettre ses destinées entre les mains de notre sainte patronne.

Trois mois se passèrent sans événement digne de remarque, trois mois d'angoisses, d'espérances trompées, de sombre tristesse et de nuit noire.

Durant ce temps, j'eus le bonheur de célébrer chaque jour le saint sacrifice de la messe dans le temple désert. Le dimanche, quelquefois même pendant la semaine, de braves artilleurs préposés au service des poudres, des gendarmes, des gardes républicains, chargés, tour à tour, de veiller à la sécurité du monument, assistaient avec recueillement à l'oblation de la sainte victime. Il y avait pour le prêtre un charme indicible, je ne sais quelle jouissance divine à offrir l'Agneau sans tache sous ces voûtes immenses, au-dessus de ces cryptes d'où pouvaient sortir, d'un moment à l'autre, la destruction et la ruine, sans autres témoins que ces braves soldats, dont plusieurs devaient bientôt affronter la bataille et aller à la mort. Il semble, en vérité, que, dans ces moments-là, on soit plus rapproché de Dieu ; on sent plus vivement sa présence et son action. Les voiles eucharistiques, qui cachent notre divin Sauveur aux regards, prennent une transparence mystérieuse et laissent entrevoir, dans toute sa majesté et dans sa bonté infinie, Celui qui s'appelle à la la fois le Seigneur des armées et le Dieu miséricordieux. Que de fois j'ai redit tout bas les paroles des disciples d'Emmaüs : « Restez avec nous, Seigneur, restez avec nous; il se fait tard, le soir arrive, c'est-à-dire le malheur, la ruine, la mort et tous les fléaux apportés par la guerre ! Si vous nous quittez, Seigneur, que ce ne soit pas pour longtemps; je ne vous laisserai point que vous n'ayez béni la maison de votre auguste servante, la maison de l'humble, de l'inimitable jeune fille qui arrêta la colère des Huns et qui saura détourner de Paris les ravages des Vandales! »

Je conserverai en particulier un souvenir impérissable de la fête de Noël 1870 et de la messe de minuit célébrée là, par une température sibérienne et dans une solitude plus absolue encore. Je dis dans une solitude plus absolue encore, car, les poudres ayant été enlevées quelques temps auparavant, les artilleurs et les soldats les avaient suivies. L'isolement était donc complet, le silence profond ; et il me semblait que cette nuit sombre et glacée, que cet autel froid et dépouillé sur lequel le Sauveur allait descendre, offraient plus d'une ressemblance avec la nuit où le fils de Dieu et de Marie vint au monde, et avec la crèche sur laquelle il voulut se reposer pour la première fois. Dans cette chapelle de Sainte-Geneviève, deux créatures humaines, un gardien et le servant, composaient seules aussi toute l'assistance. Il n'y avait rien de cet éclat, de ces saintes allégresses qui, dans la plus humble église de nos villages, saluent l'anniversaire de la nativité du Christ. Point de chants joyeux, point de pieux noëls, point de lumières, point de fleurs ! Que si, en plongeant le regard au loin, on devinait, à travers les ténèbres, les formes indécises d'un magnifique édifice, l'esprit, ramené bientôt dans l'étroit espace où les avoines nous resserraient de toutes parts, en face de cet autel si simple, dépourvu de tout ornement, en présence de cette assistance si bornée, sous l'impression enfin du froid vif et pénétrant qui se faisait sentir; l'esprit se reportait naturellement à l'isolement de la crèche de Bethléem, à la nudité de ses murailles. On comprenait mieux quelles amères pensées auraient affligé l'âme de Marie et de Joseph, si, dans cette solitude et ce dénûment, ils n'avaient vu devant eux le divin enfant, ce Sauveur Jésus, dont la présence supplée à tout et dont l'absence n'est suppléée par rien.

Un autre rapprochement se faisait encore dans mon esprit. Il me semblait que les ténèbres de la nuit, le dépouillement du temple, les terribles angoisses d'un peuple vaincu, rappelaient également, avec une vérité poignante, l'état moral de l'humanité au moment où Jésus naissait dans une pauvre étable. Le monde aussi était à bout de forces quand les anges se montrèrent aux cieux. La nation juive avait perdu le sceptre de Juda. Les peuples cessaient, comme aujourd'hui, d'invoquer leurs dieux, et demandaient à l'argent et à la force la prospérité et la victoire. Les lumières vacillantes de l'autel figuraient l'étoile mystérieuse. La merveille de Bethléem se renouvelait sous nos yeux. L'ange venait encore rapporter l'espérance : « Réjouissez-vous, un enfant nous est né. Gloire à Dieu! Il est le roi des rois et le maître des peuples. Gloire à Dieu! C'est l'enfant qui a sauvé le monde, qui peut sauver la France et lui restituer la fortune, la prospérité et la grandeur! Gloire à Dieu! »

Cependant l'année 1870 s'achevait, et quelle année, grand Dieu! l'une des plus désastreuses qui aient passé sur la France. Le moment *psychologique* était arrivé : ce qui signifie, en langue tudesque, que le bon roi jugeait le moment propice pour ajouter la terreur d'un bombardement à la famine, afin de hâter la reddition de la ville imprenable. Quelques-uns, dans leur naïve loyauté, répétaient avec assurance : « Paris ne sera pas bombardé. A quoi servirait de jeter cent mille obus sur une ville de deux millions d'âmes? On irriterait la population sans la dompter. Une telle barbarie provoquerait les protestations de l'Europe. »

L'Europe protesta en effet ; mais l'Europe proteste, depuis quinze ans, en faveur de tous les peuples vaincus, sans dépenser un schelling ni un homme. La diplomatie prussienne ne s'inquiétait guère de ces clameurs généreuses; elle y répondit par une politesse ironique, et Paris fut bombardé. M. de Moltke le voulait. M. de Bismarck prouvait, Wattel en main, que nous devions nous y attendre sans être prévenus. Le roi Guillaume se croyait appelé au rôle de grand justicier de Dieu ; il se donnait la mission de châtier notre orgueil et de corriger nos mœurs. Les obus tombèrent partout, et même, avec une précision et une préférence assez peu chrétiennes, sur les hospices, les ambulances, les institutions charitables et les musées. Sainte-Geneviève ne fut pas oubliée par l'artillerie prussienne. Des projectiles nombreux éclatèrent dans le voisinage de la grille. Quelques dalles furent brisées, des barres de fer emportées ou tordues. Un obus de gros calibre atteignit le grand dôme du côté de l'ouest, en détacha un moellon qui, frappant à son tour la coupole intérieure, la traversa au point central d'une rosace. Deux autres obus tombèrent sur les combles de la première galerie, endommageant les charpentes, brisant les voûtes de la chapelle de Sainte-Geneviève, et rejetant violemment auprès de l'autel des débris de rosace qui défoncèrent le plancher.

Cependant les vingt-trois batteries prussiennes continuaient de ravager la rive gauche. Les habitants de Grenelle, de Vaugirard et de Montrouge étaient consternés. La violence du bombardement les obligea à se réfugier dans les quartiers du centre. Ils quittèrent leurs maisons pêle-mêle et à la hâte, emportant, au milieu des cris et des larmes, les débris de leur mobilier et de leur fortune. Les poudres ayant été, nous l'avons dit, retirées du Panthéon dans le courant de décembre, les caveaux restaient libres et offraient une précieuse ressource dans ces moments de détresse. Il fut convenu avec M. Vacherot, maire du V° arrondissement, qu'ils seraient mis à la disposition de tous les malheureux qui étaient sans asile. Nous prîmes, le mieux possible, les précautions d'hygiène exigées par la réunion d'un si grand nombre de personnes. Les familles réfugiées accoururent sur le champ, heureuses de trouver enfin un peu de repos et de sécurité sous ces voûtes solides. Elles s'y sentaient garanties contre les projectiles, par les barricades maçonnées aux fenêtres, et par les avoines entassées dans les nefs à plus d'un mètre de hauteur. Cette population improvisée s'est élevée, certains jours, à près de mille personnes.

L'armistice arrive, on le sait de reste, dans les derniers jours de janvier, après quatre semaines de bombardement et cinq mois de siége. Les caveaux se vident. L'administration des subsistances s'engage à retirer au plus tôt les provisions d'avoine. Nous pouvions donc espérer que notre chère église ne tarderait pas à reprendre sa liberté. Nous avions hâte de rendre au temple de la patronne de Paris, si longtemps désert, le mouvement et la vie. Mais les ressources en chevaux et en voitures avaient été tellement réduites par les besoins du siége, qu'il fallait un certain temps pour effectuer le transport des avoines ; d'autre part, le ministère de la guerre, ne sachant où placer une quantité considérable de cartouches (environ vingt-deux millions), songea à disposer de nouveau des cryptes à cet effet. Toutefois ce n'était là qu'une mesure transitoire commandée par la nécessité impérieuse de sauvegarder des munitions qu'on devait retirer immédiatement des secteurs et des forts; les cartouches devaient disparaître en même temps que les avoines. Nous pouvions donc, je le répète, espérer fermement que la basilique jouirait bientôt de ses droits, et que vers la fin de mars, au plus tard, nos offices auraient recommencé.

Nous comptions, hélas ! sans le châtiment terrible que nous réservait la Providence, sans le règne de la Commune.

## II

Le 19 mars 1871, jour où le gouvernement et les troupes se retirent à Versailles, les délégués du comité central font partir les soldats préposés à la garde des cartouches, et les remplacent par des gardes nationaux qui leur sont dévoués. Plusieurs pièces de canon viennent se ranger sur la place du Panthéon, destinées, ce semble, à protéger la barricade qui s'est élevée dans la rue Soufflot. Dès ce jour, l'entrée de Sainte-Geneviève est interdite à quiconque n'est pas muni d'une carte délivrée par MM. les délégués établis à la mairie, et MM. les délégués en étaient fort avares.

Le vendredi 26 mars, les bras de la croix qui domine le fronton sont sciés; on traite de la même manière la croix qui surmonte le dôme(1). Il ne reste plus de l'une et de l'autre qu'un mât qui sert de hampe à l'infâme drapeau rouge. Des salves d'artillerie apprennent à la population que le règne de la licence et de la force, ou plutôt qu'une tyrannie monstrueuse succède à l'ordre

---

(1) La croix placée sur le dôme, en 1852, était en bois; on devait la remplacer par une croix en métal, lorsque la guerre éclata. Déjà la prudence avait fait un devoir d'interdire aux ouvriers chargés du service des illuminations, de monter le long de la croix, dont la base s'était en partie rongée sous l'action de l'air et de la pluie. Nous osons espérer que la bienveillance du gouvernement ne nous fera pas trop attendre l'érection de ce signe sacré, qui apparait de loin aux regards comme un symbole de consolation et d'espérance.

La croix du fronton est rétablie.

et à la liberté. La sécurité fait place à une tristesse morne et à une inquiétude de tous les instants. Encore quelques jours, et on sera réduit à regretter les temps douloureux du siége, où l'union régnait du moins entre les enfants de la grande famille parisienne, et où tous les sentiments se confondaient dans une haine commune pour l'étranger.

Les arrestations commencent. Tout ce qui représente à quelque degré le droit, l'honneur et la justice, tombe sous le coup des mandats d'amener. La magistrature, la gendarmerie, la garde républicaine, le clergé, fournissent tour à tour des otages à ce comité de bandits qui affichent, dans leurs innombrables décrets, la prétention de représenter la civilisation et le progrès. Beaucoup espéraient que tout se bornerait à des menaces, et que la France n'aurait pas à gémir une fois de plus sur l'effusion de son sang le plus généreux. L'illusion ne fut pas de longue durée.

On a raconté, dans des pages émues, le massacre d'un certain nombre d'otages; on a dit avec quelle cruauté froide, avec quel cynisme épouvantable ces victimes ont été immolées par leurs assassins. On a dit également, bien que d'une manière plus succincte et dans des récits moins connus, comment l'armée avait payé, elle aussi, son tribut aux instincts sanguinaires qui poussaient ces brigands, j'allais dire ces bêtes fauves. — Vous avez été une de ces nobles victimes, cher Commandant du 26° de chasseurs, à qui le chef du pouvoir exécutif a voulu rendre un public hommage en associant votre nom aux noms illustres de ceux qui furent frappés par ces monstres. Le nom de Martian de Sigoyer se trouve inscrit dans l'une des dépêches de M. Thiers à la France, comme sont inscrits, dans d'autres dépêches, les noms de l'archevêque de Paris et du président Bonjean. — Qu'on me pardonne ce cri du cœur. Cet homme, hélas! ce soldat, ce héros, était un des chers enfants que Dieu m'avait confiés. J'avais béni son union, et il méritait, à tant de titres, l'estime et l'affection que je lui avais vouées !...

Pendant toute cette triste et lamentable époque, l'église Sainte-Geneviève resta occupée par les gens de la Commune. Ils avaient établi leur corps de garde dans la pièce connue sous le nom de *salon des évêques*. A voir ce qu'ils ont fait ailleurs, il eût été naturel qu'ils se livrassent dans cette église, que les convoitises révolutionnaires semblent poursuivre comme l'objet d'une de leurs premières conquêtes, à la dévastation et au pillage; il était permis, dans tous les cas, de le redouter. Mais sainte Geneviève a protégé le temple qui porte son nom, contre les déprédations qu'ont subies plusieurs autres églises.

Si quelques objets ont été dérobés, les vols ont été, si je puis employer cette expression, des vols privés et sans aucun caractère officiel. La nature des objets dérobés, le secret et le silence qui ont accompagné ces larcins isolés, trahissent de la part des larrons une certaine crainte, j'allais dire une sorte de réserve et de délicatesse. Je croyais ne plus retrouver, à la première visite que je pus faire à notre chère église, aucun des ex-voto dont la piété des fidèles avait entouré la châsse de sainte Geneviève. On comprendra mon étonnement à la fois et ma satisfaction, lorsque je reconnus que le plus grand nombre de ces témoignages de la pieuse reconnaissance des pèlerins avait été laissé intact. Les fédérés ne s'étaient laissé tenter que par des ex-voto de peu de valeur, expression modeste de la piété de ceux qui, dépourvus des biens de la fortune, veulent cependant témoigner, sous une forme sensible, les sentiments reconnaissants de leur cœur.

Ce respect irrésistible pour tout ce qui tient directement au culte de sainte Geneviève mérite de fixer d'autant plus l'attention que les gardes nationaux de la Commune et les délégués du comité d'arrondissement, à leur tête, ne se sont pas fait faute de porter partout leurs investigations. L'édifice a été parcouru, étudié, nous pourrions dire scruté dans tous les sens. Depuis la lanterne qui s'élève au-dessus du dôme jusqu'aux recoins les plus reculés des cryptes, MM. les délégués ont tout visité avec le plus grand soin. Ils espéraient, m'a-t-on dit, trouver des armes, des armes en grand nombre, ces terribles armes que toutes les églises devaient nécessairement recéler, et qui étaient destinées à frapper les généreux défenseurs du peuple. Ils sont parvenus à découvrir deux épées qui font partie du costume des gardiens de l'église. La vérité m'oblige d'ajouter qu'une seule de ces épées a été enlevée; l'autre, moins brillante et moins neuve, a été jugée indigne d'armer la main d'un héros.

Cependant les événements s'aggravaient. L'armée gagnait du terrain, et les chefs de la Commune commençaient à comprendre que les jours de leur règne étaient comptés.

La forte position du Panthéon étant, comme s'exprime le maréchal Mac-Mahon dans son rapport, la clef de tout le quartier des écoles, les fédérés, qui l'avaient compris, en avaient défendu l'accès par de fortes et nombreuses barricades. Tout le monde a vu celle qui barrait la rue Soufflot, en avant de la rue Saint-Jacques. Une triple défense fermait la rue Royer-Collard : la première au débouché du boulevard Saint-Michel, la seconde au débouché de la rue Gay-Lussac, une troisième, placée à l'issue de la rue Paillet et de la rue des Fossés-Saint-Jacques, achevait d'isoler la basilique. C'est le 24 mai, vers cinq heures, qu'un vigoureux coup de main, opéré par la division Susbielle, délivra notre chère église de la tyrannie odieuse de la Commune. A deux heures, la brigade Paturel envahit le Luxembourg par les portes de la rue d'Assas et de la rue de Vaugirard. Le colonel Biadelli (38° de marche) enlève l'Ecole des mines et dispose ses soldats en tirailleurs le long des grilles de la rue de Médicis. Le 18° bataillon des chasseurs à pied traverse le jardin au pas de course, force la grille qui regarde la rue Soufflot, enlève la barricade du boulevard, prend deux mitrailleuses, et se porte, par les chemins en contre-bas, dans la rue Cujas et la rue Mallebranche. La rue Cujas était coupée, comme la rue Royer-Collard, par trois barricades. La position y était difficile à tenir pour les soldats; d'un instant à l'autre ils pouvaient être pris à revers par les fédérés du boulevard. La situation devint plus périlleuse encore à l'arrivée des bandes débusquées de la Croix-Rouge par la division Lacretelle. Fort heureusement, à la même heure, la prise de la barricade de la rue de Rennes, près Saint-Germain des Prés, ouvre à nos soldats la rue de l'École de Médecine. Ils s'y jettent sans délai, descendent rapidement à la Seine, remontent le boulevard Saint-Michel et chargent vivement les fédérés par derrière. Ce mouvement, combiné avec celui de la brigade Bocher, détermine l'assaut de la place du Panthéon. La patience des soldats était à bout; les balles leur arrivaient comme la grêle, des barricades de la rue Soufflot et des galeries du dôme. La brigade Bocher enfile la rue Royer-Collard et la rue d'Ulm; les chasseurs à pied, les rues Soufflot, Cujas et Mallebranche. Toutes les barricades sont emportées; celle de la rue Paillet est la seule qui résiste. Les soldats pénètrent, par la rue Royer-Collard, dans les trois maisons qui touchent à la barricade, envoient des étages supérieurs une fusillade furieuse et délogent les insurgés. Vers quatre heures, l'armée libératrice entrait à Sainte-Geneviève.

On peut répéter ici ce qu'on a dit pour tous les monuments qui ont échappé à la rage des incendiaires : il était temps que l'armée arrivât. La Commune avait décrété la destruction de la basilique. Dans la nuit du 23 au 24, des officiers fédérés avaient passé deux heures dans les galeries supérieures, pour contempler les incendies qui désolaient la grande ville. Beau spectacle pour ces histrions galonnés, pétris de sang et de boue! Ils auraient volontiers chanté comme Néron :

<small>Qu'un incendie est beau lorsque la nuit est noire!</small>

Le 24, vers deux heures, ils sommèrent le gardien de livrer les clefs de la poudrière. La poudrière contenait encore environ seize millions de cartouches, quinze à vingt tonneaux de poudre et plusieurs caisses de dynamite. Le gardien opposa un refus, prétextant que les clefs se trouvaient entre les mains du garde d'artillerie, absent en ce moment. Le temps pressait. Un capitaine fédéré dit au colonel Lisbonne : « Montons lestement au dôme pour envoyer de la mitraille aux Versaillais qui approchent. Le gardien nous donnera ses clefs tout à l'heure ; s'il hésite, son affaire sera nette. Il faut que le Panthéon saute en l'air. » Ce n'est pas la bonne volonté qui manquait aux communards. Des fils électriques pénétraient dans l'intérieur de la grille et touchaient aux fenêtres des caveaux. Si le gardien s'y était prêté, nous verrions peut-être aujourd'hui, à la place de l'église, une montagne de ruines. Ce brave et digne homme a bien mérité du quartier tout entier. Les gardes nationaux répétaient sans vergogne à tout venant : « A trois heures, le Panthéon y passera. Nous n'avons pas jeté de pétrole dans les maisons voisines; c'était inutile : la chute du Panthéon écrasera tout le reste ! » La marche rapide de nos soldats déconcerta ces projets sauvages. Les insurgés s'enfuirent pêle-mêle par toutes les issues. Un grand nombre furent fusillés sur place ; le reste s'échappa par la rue de la Montagne.

Les officiers du génie visitèrent sur-le-champ les caveaux de l'église, afin d'assurer la destinée du monument et la sécurité du quartier. C'est au moment où l'église Sainte-Geneviève devenait libre qu'une illustre victime tombait dans la prison de la Roquette, sous les balles des bandits. La Commune le frappait au nom de la liberté : « La liberté! s'écria le martyr, ne pro-« fanez pas ce mot, c'est à nous qu'il appartient; « nous mourons pour la liberté et la foi. »

Le surlendemain matin vendredi, un terrible épisode ensanglanta le péristyle, à deux pas du groupe d'Attila. Les soldats avaient pris, dans la rue d'Ulm, le citoyen Millière. Il fut conduit, malgré une vive résistance, au Luxembourg, devant le général de Cissey, puis ramené sans retard sur la place du Panthéon. Comme il montait les marches, un capitaine lui fit remarquer, dit-on, la trace des balles qui avaient atteint, l'avant-veille, trente gardes nationaux demeurés fidèles. C'est Millière qui avait ordonné ce massacre. Arrivé sous le porche, un feu de peloton le coucha sur les dalles.

Toute la journée du 25 et une partie de celle du 26, la fusillade, les mitrailleuses et le canon continuèrent de gronder avec fureur dans le quartier du Panthéon. La lutte terminée, on s'aperçut que l'église, exposée, pendant trois jours, aux coups des amis et des ennemis, avait été atteinte sur bien des points. L'artillerie prussienne y avait causé moins de dégâts que la campagne de Paris. Les traces des balles sur la façade Est sont innombrables ; elles s'y rencontrent avec les traces à demi effacées des balles de juin 1848. L'architecte, parcourant avec soin les différentes parties de l'édifice, y a compté la marque de cent dix gros projectiles. La guerre civile (et quelle guerre civile ! *Bella... plus quam civilia...* a dit le poëte), la guerre civile a visité le monument de la base au sommet. Deux ou trois obus ont frappé la lanterne haute et surtout la corniche de la galerie qui la soutient. Le grand dôme a été atteint en plusieurs endroits, et les deux voûtes inférieures en ont ressenti le contre-coup. Plusieurs balles ont touché la grande peinture de Gros. Quinze à vingt projectiles sont arrivés à la galerie de la colonnade et ont ébréché les chapiteaux. Une dizaine a éclaté dans les combles de la première galerie, aggravant, dans les voûtes de la chapelle de Sainte-Geneviève, les dégâts commencés par les projectiles allemands. La façade méridionale en a reçu une vingtaine ; les murs sont criblés, et plusieurs pierres ont été creusées à la profondeur de dix centimètres. Le portail de la façade principale a été fort maltraité. Les portes de bronze sont traversées ; plusieurs chapiteaux des grandes colonnes brisés, et quelques personnages du tympan portent de larges blessures (1).

J'indique en passant, et pour mémoire, les dégradations qui proviennent du séjour des gardes nationaux et des soldats dans l'église,

---

(1) Tous ces ravages seront réparés. On peut s'en rapporter, sur ce point, au zèle et à l'intelligence de M. Victor Louvet, architecte du monument. Nous avons été témoins de cette intelligence et de ce zèle, en même temps que de l'énergie, tempérée par une sage prudence, qu'a déployée M. Louvet dans l'exercice de ses fonctions, pendant les jours difficiles que nous venons de traverser. S'il m'était permis d'exprimer toute ma pensée, j'ajouterais que nous avons été heureux de reconnaitre dans l'architecte du Panthéon à la fois l'homme de talent qui conquérait le grand prix de Rome dès le début de sa carrière, et l'homme de cœur qui commande l'estime et la sympathie.

et du va-et-vient des poudres; elles n'ont aucune importance et elles étaient inévitables. Nous bénissons Dieu qu'il ait épargné à cette église bien-aimée la plus humiliante des dégradations, celle des parodies sacriléges qui ont souillé plusieurs autres églises de Paris. Les orateurs de la Commune n'ont pas traîné dans la chaire leurs oripeaux rouges et leur figure avinée. Ces voûtes augustes n'ont pas entendu les déclamations effroyables, les immondes blasphèmes qui tombaient, par exemple, sur l'auditoire de Saint-Sulpice. La basilique s'y prêtait cependant; elle a dû les tenter. La chaire est facile, l'église est sonore; tous les capitaines du quartier y auraient trouvé place. Les destinations successives du monument offraient une occasion naturelle de le revendiquer pour les débats des grands citoyens et pour les parades nationales (1). Plus nous regardons les événements de près,

---

(1) Dans une proclamation du 28 octobre 1870, adressée aux familles des volontaires du cinquième arrondissement, on lit ce qui suit:

« Que les volontaires qui vont sortir de vos rangs, qui
« vont nous sauver de la faim et fonder la république, soient
« les élus de notre arrondissement...

« C'est au Panthéon, rendu à la patrie, que nous eussions
« aimé à inaugurer cette fête; au moins, les abords du temple
« recevront les inscriptions sur des registres qui seront con-
« servés précieusement dans nos archives municipales. »

comparant les impressions douloureuses des premiers jours du siége avec la tranquillité qui s'est maintenue dans la basilique jusqu'aux derniers jours de la Commune, plus nous acquérons de certitude que c'est la main de l'humble vierge qui a écarté les loups et les sangliers de la maison de Dieu.

Quelle puissance merveilleuse que celle d'une pauvre jeune fille à peine regardée des hommes, dès qu'elle arrive là-haut et que la lumière de gloire, comme disent les docteurs, a pénétré son esprit! Avec quelle sûreté, avec quelle prévoyance habile, et, en même temps, avec quelle simplicité de moyens elle atteint le but qui lui est marqué à la gloire de Dieu! Quand les munitions entraient dans les caveaux, les fidèles se disaient : « Le temple de notre patronne se ferme : qui oserait nous promettre qu'il s'ouvrira jamais? » La vierge répondait : « Tranquillisez-vous, ma vue s'étend plus loin que la vôtre, je connais mieux l'avenir. Laissez entrer la poudre et les engins meurtriers! Les soldats qui les garderont, garderont aussi ma demeure. N'hésitez pas à entasser dans les nefs les grains et les fourrages; cette couche épaisse formera un rempart impénétrable aux coups des ennemis. Les enfants du siècle n'y viendront pas chanter leurs cantiques et célébrer leurs fêtes. La dignité de cette maison n'a été que trop souvent méconnue. Au premier signe de révolte, la foule en délire renversait mes autels. J'arrêterai cette fois les profanateurs; je veux que la bénédiction du ciel, fixée aux murs et aux autels par cet appareil guerrier, assure pour jamais l'honneur et la sainteté de la maison de Dieu. »

Quel homme eût osé parler ainsi? Le premier venu lui aurait répondu : « Vous prenez des rêves pour des prophéties; vous n'entendez rien aux affaires de ce monde; vous réglez l'avenir, sans compter avec les Moabites et les Philistins. » La vierge a dit vrai pourtant. Les événements ont répondu à son dessein : le temple a été respecté; les autels sont demeurés intacts; les fidèles reconnaissent, au premier regard, l'église qu'ils ont quittée il y a onze mois; elle a échappé, comme par miracle, aux deux effroyables tempêtes qui ont ravagé Paris.

## III

Cette protection merveilleuse nous donne lieu d'espérer que nous pourrons réaliser, suivant toute la vivacité de nos désirs, les deux pensées qui occupent en ce moment le chapitre de Sainte-Geneviève.

La première, c'est de reprendre les œuvres que nous avons commencées, avec plus de zèle, s'il se peut, et avec un dessein plus suivi. Nos cérémonies, nos instructions, nos conférences ramèneront, nous osons l'espérer, le bienveillant auditoire qui se pressait naguère autour de la chaire. Ceux de nos chers collègues qui ont été éloignés un instant de leurs fonctions par celles qu'ils ont remplies partout où les destinées de la France ont conduit nos armes, sont revenus dans l'asile béni où ils avaient concentré les meilleures parties de leur cœur et de leur âme. Ils y reviennent avec une ardeur nouvelle, avec la conviction profonde que c'est travailler à la cause du pays que de travailler à la cause de Dieu.

S'ils ont vu de leurs yeux le spectacle déchirant d'une nation conduite à la ruine par l'imprévoyance et l'impéritie, ils ont reconnu jusque dans nos désastres, pendant la première partie de la campagne, et plus tard, jusque dans les malheurs de ces bandes d'enfants et de recrues jetées brusquement sur le champ de bataille, les ressources inépuisables et la grande âme de la France. Ils répètent comme nous :
— Que la France se dérobe au plus vite aux

courants pernicieux qui lui viennent de toutes les nations de l'Europe; qu'elle ne soit ni Italienne, ni Anglaise, ni Allemande; qu'elle soit Française; qu'elle ait confiance en son génie; qu'elle s'efforce de développer la puissante vie intellectuelle et morale que Dieu a mise dans son sein; qu'elle ne demande qu'à elle-même et à son histoire des modèles de science et de vertu!

Depuis trente ans nous avons ressassé sur tous les tons la louange des pays d'outre-Rhin. La Germanie se croyait devenue la patrie des grandes choses et des grands hommes : *Parens... magna virûm*. Quels poëtes, disait-on, que Schiller et Gœthe! quels philosophes que Kant et Hégel! quels critiques que Lessing et Schlegel! quels exégètes que Paulus, Baur et Strauss! quel savant incomparable qu'Humboldt! Nous cherchions naïvement en Allemagne la simplicité, les mœurs pures, le désintéressement et l'honnêteté antique. Les savants, les bons Allemands! disions-nous.

Nous ne contesterons pas à l'Allemagne l'honneur d'avoir possédé, depuis cent ans, des esprits fort illustres. Il est pourtant juste de remarquer que les vrais génies de l'Allemagne ont été Français par quelque côté, et qu'ils doivent aux sympathies et aux éloges de la France une bonne partie de leur gloire.

La France, à son tour, a le droit de ne pas oublier (j'entends la vieille France croyante et catholique) que l'Allemagne est, depuis cent ans, l'officine des panthéistes, des rationalistes et des athées, le pays des idées malsaines et bizarres qui ont défiguré la philosophie française, la patrie des exégètes sans frein qui ont ravagé l'Évangile et dépouillé le Sauveur de son vêtement divin.

Nos mérites et nos vertus, quelles qu'elles soient, n'ont rien à envier à la sobre, à l'honnête, à la chaste Allemagne. — Chaste, sans doute, comme Luther, comme le landgrave de Hesse, comme le grand Frédéric, comme les vierges de Bade et de Bavière, qui fournissent un si triste appoint à la corruption parisienne, comme la race des hobereaux bien nourris qui a édifié Saint-Denis et Versailles. — Honnête comme au temps de César, qui leur reproche deux petits défauts : la dissimulation et la perfidie. — Désintéressée comme au temps de Tacite, marchant vaillamment au butin et à la gloire, *ad prædam famamque; ad prædam* d'abord, *ad famam* ensuite. — Sobre comme la Germanie ancienne, qui ne croyait pas déroger en consacrant à la cervoise les vingt-quatre heures de la journée. — Très-bénigne enfin pour ses voisins les Gaulois, dont elle envahissait le territoire sous prétexte d'indépendance et de liberté. Ces derniers mots font sourire le grave historien de Rome. Beaux noms, dit-il, qui servent de manteau à des choses fort laides : *Libido atque avaritia* (1)!

Les Germains modernes ont parfaitement réussi à montrer aux Gaulois modernes la Germanie de César et de Tacite, qui est la vraie Germanie, la Germanie persistante et impérissable, la Germanie séparée de la France par un abîme. Nous sortons de cette épreuve avec la conviction inébranlable que la France d'aujourd'hui, la chère et malheureuse France que nous avons vue couchée dans la boue et la neige, mourant de froid et de faim, que la France, malgré ses défaillances et ses misères, n'a pas cessé d'être la nation la plus loyale, la plus honnête et la plus catholique de l'Europe.

Telle est la pensée qui nous guidera dans notre enseignement. Nous serons heureux de

---

(1) Il faut relire tout le passage ; on le croirait écrit par un contemporain : « Ce sont toujours les mêmes causes qui poussèrent les Germains vers les Gaules : la soif du plaisir et de l'or, le désir de changer de séjour, de quitter leurs marais et leurs solitudes, pour posséder à leur tour ces fertiles campagnes. L'indépendance et d'autres beaux noms leur servaient de prétextes. Mais tout ambitieux qui veut asservir les autres et dominer lui-même, ne prend-il pas ces mêmes mots pour devise ? » (Tac., Hist. IV, 73.)

nous reporter constamment aux souvenirs immortels de l'Église de France et surtout de l'Église de Paris. Depuis plus de treize cents ans, la science et la vertu ont trouvé dans la grande ville des représentants admirables; nous nous en souviendrons. Sans empiéter sur le champ tout différent des paroisses, et avec le respect le plus profond pour les intérêts confiés aux pasteurs, nous nous efforcerons d'introduire dans Sainte-Geneviève toutes les œuvres qui se recommandent par un intérêt général, qui puisent leurs éléments dans la ville tout entière, et peuvent aider à fortifier le courant de vie catholique qui circule dans ce beau diocèse. Nous invoquerons à l'appui de ces œuvres ces mêmes grands hommes demeurés si populaires et si contemporains, malgré l'intervalle de plusieurs siècles qui nous sépare des temps où ils ont vécu. La montagne où s'élève le temple de Sainte-Geneviève n'est-elle pas comme le centre et le rendez-vous naturel des beaux génies et des grands noms du passé? Les colléges nombreux de l'université, la maison de Navarre et de Sorbonne, toutes ces institutions fondées par la France catholique, n'étaient-elles pas étagées comme des ruches savantes aux flancs de la montagne latine? Il est impossible de parcourir ces ruelles étroites et historiques, sans retrouver à chaque pas les vestiges des hommes illustres qui ont honoré la France, depuis Albert le Grand et saint Thomas jusqu'à nos jours.

Une seconde pensée, disions-nous, une nouvelle espérance a gagné nos esprits ; ce serait de compléter les destinées de Sainte-Geneviève en ouvrant dans ses vastes nefs et dans ses chapelles un asile aux grands hommes. Nous justifierions par cette hospitalité religieuse l'inscription du fronton :

AUX GRANDS HOMMES LA PATRIE RECONNAISSANTE !

L'Angleterre nous donne, sur ce point, un exemple admirable. Elle a consacré l'église de Westminster à tous ceux dont les services, les talents ou les vertus ont contribué à l'honneur de la nation. En parcourant les neuf chapelles, les deux transepts et les bas côtés, le voyageur y compte près de quatre cents tombeaux, c'est-à-dire les représentants de huit siècles, depuis Édouard le Confesseur jusqu'au grand historien de la Grèce, M. Grote, qu'on vient d'y déposer il y a à peine un mois.

L'Angleterre pas plus que la France n'adore ses grands hommes de leur vivant. La presse et la parole publique ne leur ménagent ni invectives ni injures; l'esclave antique suit toujours le char de triomphe. Mais quand la mort les ravit, les ambitions rivales se taisent; amis et ennemis les environnent de respect. Ils deviennent comme une partie de la gloire nationale; le peuple anglais les protége contre l'injustice, l'ingratitude et l'oubli. Il confie aux retraites inviolables de Westminster ses savants, ses artistes et ses poëtes, ses généraux et ses chanceliers, ses évêques les plus illustres et ses plus dignes magistrats. Des rangs honorables y sont réservés aux hommes d'État et aux orateurs comme Pitt, Chatam et Canning, dont les noms ont acquis une popularité européenne. Rois, princes, ducs, toutes les races royales, toutes les familles aristocratiques retrouvent sous ces voûtes huit fois séculaires les images et les vertus de ceux de leurs ancêtres qui ont mérité d'échapper à l'oubli.

Sainte-Geneviève deviendrait aisément le lieu de repos des grands hommes de la France. Les proportions du vaisseau ne diffèrent que très-peu de celles de Westminster (1). Ses nefs laté-

---

(1) Westminster : longueur de l'est à l'ouest, en y comprenant la chapelle de Henri VII, 113 mètres. — Longueur du transept, 61 mètres. — Largeur de la nef et des bas côtés, 25 mètres. — Sainte-Geneviève : longueur à l'intérieur, 94 mètres; à l'extérieur, 113 mètres. — Largeur à l'intérieur, 80 mètres; à l'extérieur, 85 mètres. — Largeur de chaque nef, 33 mètres.

rales, ses vastes chapelles, le pourtour de la grande nef suffiraient à donner asile à tout ce que la France a possédé de vrais grands hommes depuis l'origine de la monarchie.

L'église canoniale de Saint-Denis ne répond-elle pas à la destination que nous voudrions assigner à Sainte-Geneviève? En partie, oui, mais en partie seulement. Les caveaux de Saint-Denis ont été constamment réservés aux familles royales et aux princes du sang. Si l'on y rencontre quelques grands hommes comme du Guesclin et Turenne, c'est par une faveur toute spéciale, et il faut bien oser le dire, leurs restes, égarés au milieu des tombes royales, n'y ont gagné que d'échapper plus facilement à l'attention du voyageur. Les cryptes de Sainte-Geneviève, ou plutôt la chapelle souterraine, semblent assurer elles-mêmes une demeure dernière bien retirée et bien recueillie à ceux qui dorment, comme dit l'Église, du sommeil de la paix. Trop retirée et trop recueillie peut-être, car le public ne pénètre et ne peut pénétrer qu'avec un guide dans le dédale des couloirs et des caveaux. D'ailleurs, cacher des hommes illustres dans un souterrain magnifique, d'une architecture puissante et virile, mais où la lumière du jour ne projette pas un rayon, ce n'est pas les rendre populaires ni remettre leur image et leur souvenir sous les yeux du public; c'est les condamner à l'oubli.

Il n'y a, en réalité, ni monument ni église où les hommes vraiment illustres soient réunis et exposés de manière à ce qu'ils puissent recevoir l'hommage quotidien de l'esprit et du cœur, qui est la seule reconnaissance digne d'un grand peuple. Dispersés, en grande partie, sur tous les points de la France, cachés dans des châteaux d'accès difficile ou dans des chapelles inconnues, il n'y a que de rares voyageurs qui les visitent, et encore le font-ils en curieux et en touristes plutôt qu'en pèlerins et en amis. Le souvenir de leur vertu ou de leur génie ne laisse dans l'esprit qu'une impression fugitive, que les mille accidents du voyage effacent le jour même.

Les morts, dira-t-on, qui reposent dans les églises paroissiales, surtout dans les églises spacieuses et bien éclairées, n'y possèdent-ils pas, eux du moins, un lieu de repos dans le Panthéon qui leur convient? S'ils portent l'auréole des saints, oui: les fidèles les visitent avec amour et usent de leurs baisers la pierre qui les recouvre. Mais le poëte, l'orateur, le magistrat, mais tous ceux qui n'ont été que d'honnêtes citoyens ou des hommes de génie, on les regarde à peine. Les cérémonies de l'Église, offices, funérailles, mariages, baptêmes, confessions, réunions pieuses, tout ce mouvement du culte catholique impose un recueillement et une sévérité de discipline intérieure dont il serait impossible de se départir. Les promeneurs et les curieux y sont remarqués; la discrétion les oblige à ne jeter qu'un coup d'œil furtif sur les monuments funèbres.

L'église Sainte-Geneviève est la seule qui soit exempte de ces inconvénients. Inconvénients fort petits en apparence; mais qui peut ignorer que ce sont les petits inconvénients réunis qui empêchent, en partie, le succès des grandes œuvres? Le vaisseau est assez vaste et les exercices du culte sont espacés à d'assez grands intervalles, pour concilier (et notre expérience de quatre ans ne nous laisse, à cet égard, aucun doute) une certaine liberté avec le respect dû invariablement au lieu saint. La lumière y est distribuée heureusement, de manière à se porter sur toutes les parties, sans être éblouissante. Les constructions de marbre ou de bronze, au lieu d'encombrer les nefs et de rompre l'harmonie générale, tempéreraient fort à propos la nudité des murailles.

Nous ne pouvons ici, évidemment, parler que pour l'avenir. Nous reconnaissons que si c'est un vœu légitime, ce serait, à coup sûr, un vœu difficilement réalisable, que celui de voir la France, revenue généreusement au respect du passé, réunir un jour dans ce magnifique asile les restes glorieux jetés par les hasards de la mort aux quatre vents du ciel. Et pourtant, il faut l'avouer, quel magnifique spectacle de pouvoir embrasser d'un regard tout ce que la France a produit d'esprits éminents et de nobles cœurs? Poëtes, historiens, orateurs, magistrats, héros de la charité ou du devoir, le souvenir de leur vie ou de leurs œuvres serait un enseignement sans égal. Sans doute, la foule glorieuse ensevelie dans ce cimetière de bronze et de marbre ne serait pas exclusivement une légion de héros et de saints; mais si une grande nation pardonne beaucoup à ses hommes de génie, si elle recouvre de sa pourpre, sans les justifier, leurs difformités et leurs faiblesses, ne laissant échapper que le rayon divin qui les recommande au respect de la postérité, nul cependant ne serait admis dans cet asile des grandeurs nationales que ceux dont on ne peut saluer les cendres sans éprouver ces tressaillements ineffables qui sont le témoignage instinctif de notre âme à la sainteté et à la beauté infinies.

Réunissez ces cendres, ces ossements, cette poussière héroïque, ces grands hommes sous les mêmes voûtes; couchez-les côte à côte, comme les membres d'une même famille, à deux pas de l'Agneau immortel : ne semble-t-il pas que ce voisinage divin épure leur vertu ou leur génie, et nous rappelle à tous, avec une éloquence souveraine, ces deux choses sur lesquelles il faut revenir sans cesse, que Dieu seul est grand, et que l'homme, si l'on ne regarde que la vie présente, n'est rien? — Tant de gloire, tant de bruit, tant d'honneurs, tant de titres, et tout cela renfermé dans une simple couchette de pierre ! Je ne connais pas d'expression plus saisissante du néant des choses humaines. — Mais, en retour, tant d'admiration, tant de respect, tant d'amour se prenant aux débris méconnaissables de ce qui fut la demeure de la vertu ou du génie : y a-t-il rien qui marque aussi vivement le prix qu'il faut attacher à la partie immortelle de l'homme, c'est-à-dire à son âme et aux dons de Dieu?

Quelle gardienne plus sûre pour cet ossuaire glorieux que la vierge qui, depuis Clovis, protége la montagne où reposent ses restes? Type ravissant de grâce, d'héroïsme et de piété, son nom et son image sont comme un signe de ralliement pour toutes les véritables grandeurs d'ici-bas. Sa vie a été austère comme celle des prophètes. Éprouvée par la persécution et la souffrance, dédaignée par les siens comme une prophétesse de mensonge, réduite bien souvent à ne compter que sur Dieu, elle n'a jamais quitté cette voie douloureuse où se forme et se retrempe toute solide vertu. Sa piété éminente ne l'a pas rejetée dans la solitude, où tant de saintes âmes oublient complétement les hommes. Dès sa jeunesse elle a été mêlée aux événements au milieu desquels elle a vécu. L'aimable vierge, dont le souvenir est demeuré parmi nous comme s'il n'était que d'hier, s'offre souvent à notre imagination comme une jeune fille timide et tout au plus comme un modèle de pureté angélique. La vérité ne détruit pas, à cet égard, le charme qui l'entoure. Elle est demeurée jeune, mais jeune comme les cœurs purs, qui ne vieillissent pas. Elle conserve la grâce indicible des premières années de la vie, afin de gagner le cœur des générations de jeunes gens qui s'agitent autour d'elle.

Il faut ajouter toutefois, et cela sans réserve, que sainte Geneviève a été une femme illustre, une femme de cœur et d'énergie, qui a mérité le respect des rois et des évêques, et l'admiration de tous ses contemporains. Quand les Huns se précipitent sur les Gaules, ne laissant que des ruines partout où passe le cheval d'Attila, Geneviève est là, ranimant l'espérance et promettant à la population consternée la sécurité et le salut. Quand Paris est réduit à la famine par les armées franques, la jeune fille timide devient une femme héroïque. Elle quitte sa retraite, remonte la Seine à trente lieues, sur une frêle embarcation, et ravitaille la ville.

C'est pour cela que, depuis quatorze siècles, son nom intervient, disons mieux, est invoqué sans cesse, dans toutes les fêtes de la religion ou de la science et dans toutes les calamités publiques. Paris, le vieux Paris, la ville incomparable, souvent frivole et railleuse, mais au fond croyante et catholique, a toujours reconnu dans le cœur de la vierge de Nanterre une charité inépuisable pour les pauvres, un souverain amour pour Dieu, un dévouement absolu au pays et une affectueuse protection pour tout ce qui a mérité le nom de grand et d'illustre. Nous ne faisons que nous ranger à l'avis de quatorze siècles en désirant que le temple de sainte Geneviève puisse un jour s'appeler, à juste titre, église et Panthéon, maison des morts illustres et maison de Dieu.

Paris, 14 août 1871.

PARIS. — E. DE SOYE ET FILS, IMPR., 5, PL. DU PANTHÉON.

www.ingramcontent.com/pod-product-compliance
Lightning Source LLC
Chambersburg PA
CBHW060938050426
42453CB00009B/1064